イネ・米・ごはん大百科

⑤

監修 辻井良政
佐々木卓治

お米の
食べ方と
料理

お米の加工食品

ぼくたちといっしょに
お米の食べ方について
学ぼう！

お米博士　　ダイチ　　メグミ

この本の特色と使い方

● 『イネ・米・ごはん大百科』は、お米についてさまざまな角度から知ることができるよう、テーマ別に6巻に分け、体系的にわかりやすく説明しています。

● それぞれのページには、本文や写真・イラストを用いた解説のほかに、コラムや「お米まめ知識」があり、知識を深められるようになっています。

● 本文中で（➡○巻p.○）とあるところは、そのページに関連する内容がのっています。

● グラフや表には出典を示していますが、出典によって数値がことなったり、数値の四捨五入などによって割合の合計が100%にならなかったりする場合があります。

● 1巻p.44〜45で、お米の調べ学習に役立つ施設やホームページを紹介しています。本文と合わせて活用してください。

● この本の情報は、2020年2月現在のものです。

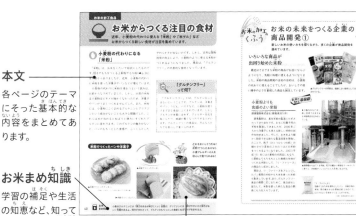

本文
各ページのテーマにそった基本的な内容をまとめてあります。

お米まめ知識
学習の補足や生活の知恵など、知っていると役立つ情報をのせています。

写真・イラスト解説
写真やイラストを用いて本文を補足しています。

コラム お米の加工のくふう
農家の人たちや企業のくふう、努力など、具体的な例を紹介しています。

コラム もっと知りたい！
重要な内容や用語を掘り下げて説明しています。

コラム やってみよう！
実際に体験できる内容を紹介しています。

ごはんをおいしく食べよう！

ごはんはどうして おいしいの？

おいしさの
カギをにぎるのは
「デンプン」
なんだって！

ジャーン！

今日は土なべで
ごはんを炊いたよ！

わぁ！

お米がつやつやしてる～！

おいし～～っ！

いただきま～す！

パクパク

パグ

よくかんで食べると
もっとおいしく
なるんだぞ

えーっ
それ本当？

本当だよ！

それは「デンプン」が
変化するからなんだ

ぽ

あっ
お米博士！

ん

「デンプン」って
なーに？

デンプンとは、お米の中に
たくさんたくわえられている
小さい粒のかたちをした
成分だよ

4

まずコレが
炊く前のお米だよ

かたくて食べても
おいしくなさそうだよね

パラパラ
してる

このときのデンプンは
「βデンプン」といって
食べても消化しにくい
デンプンなんだ

そのかわり
傷みにくくて
長もちするよ！

このお米に
水と熱を加えると…

つまり
「炊く」んだね

「βデンプン」が
やわらかくて
消化しやすい
「αデンプン」に
変化するんだ！

炊きたて
ごはんだ！

さらにデンプンは小さな粒が
くさりのようにつながって
できているんだけど

よくかんで食べると
だ液の働きで
くさりが切れて

「ブドウ糖」という
あまみのある成分に
変わるんだ

本当だ
あまくなってきた！

デンプンってすごいね

ごはんの成分のひみつ

ごはんは毎日食べてもあきません。そのおいしさのひみつは、お米にふくまれている成分にあります。

お米のおもな成分はデンプン

お米には、炭水化物（糖質）やタンパク質、脂質といったさまざまな栄養素（➡ p.20）がふくまれています。そのなかでもっとも多いのは炭水化物で、全体の約78％をしめています。

炭水化物にはいくつかの種類がありますが、お米にふくまれている炭水化物は「デンプン」です。

デンプンはブドウ糖という糖類が集まってできています。デンプンは、生のときはかたく、味やにおいがしませんが、水や熱を加えるとやわらかくなり、ほのかなあまみや香りが生まれます。また、ねばりけも出てきます（➡ p.14〜15）。食べたときにやわらかく、あまみやねばりけのあるごはんのおいしさは、デンプンによるものなのです。

あまみがあるけれど強すぎず
味にクセがないのも
毎日おいしく食べ続けられる
ひみつかな？

ふっくらした
やわらかさ！

もちもちっと
した食感！

ほんのりとした
あまさ！

○ 2種類のデンプンの割合で ねばりやかたさが変わる

お米にふくまれるデンプンは、さらにアミロースとアミロペクチンという2種類に分けられます。アミロースは、ブドウ糖が一直線につながってできています。一方、アミロペクチンは、ブドウ糖が枝分かれしながらつながっています。

この2種類はお米の種類によって割合がちがい、アミロースの割合が高いほどかたく、アミロペクチンの割合が高いほどねばりけのあるお米になります。わたしたちがふだん食べているお米は「ジャポニカ米」というねばりけのあるお米ですが、インドやタイなどでは、「インディカ米」というねばりけの少ないお米が多く食べられています。

デンプン

アミロース　　アミロペクチン

もっと知りたい!

ごはんはよくかむとあまみが増す

ごはんをよくかんで食べると、だ液がよく出て口の中でごはんのデンプンとまざります。すると、デンプンはだ液の働きによってつながりが切れ、麦芽糖（ブドウ糖が短くつながったもの）やブドウ糖へと変わります。糖類はつながりが短いほどあまみが強くなるので、かめばかむほどあまみが増していきます。

▶だ液にふくまれる酵素という物質がデンプンを分解する働きをする。

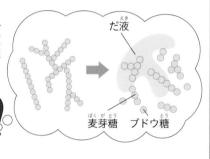

だ液

麦芽糖　ブドウ糖

アミロースとアミロペクチンの割合

インディカ米（うるち米）	ジャポニカ米（うるち米）	ジャポニカ米（もち米）

アミロースの割合が30％で、ねばりけが少なく、ややかためのごはんになる。	アミロペクチンの割合が80％で、ねばりけが多く、もちっとやわらかいごはんになる。	アミロペクチンだけで、アミロースはふくまれていない。とてもねばりけのあるごはんになる。
↓	↓	↓
アミロペクチン70％／アミロース30％	アミロペクチン80％／アミロース20％	アミロペクチン100％

お米は「うるち米」と「もち米」という分け方もあるよ！うるち米は2種類のデンプンでできていてもち米はアミロペクチンのみでできているんだ

7

ごはんをおいしく食べよう！

ごはんをおいしく食べるコツ

お米は、ほんの少しのくふうで、炊いたときのおいしさが変わります。
毎日食べるごはんをおいしくするコツを知っておきましょう。

「選び方」「保存の方法」そして「炊き方」の3つのコツ

お米屋さんやスーパーマーケットには、品種や加工の方法がちがうさまざまなお米がならんでいます。これらのお米は、見た目は同じように見えても、少しずつ特ちょうがちがいます。また、同じお米でも、買ってからの保存のしかたや炊き方によっておいしさが変わってきます。ごはんをおいしく食べるためには、選び方、保存の方法、炊き方の3つのコツを押さえることが大切です。

お米にも個性があるんだよ

▲たくさんの種類がならぶスーパーマーケットのお米売り場。それぞれのお米の特ちょうを知っていれば選びやすい。

ごはんをおいしくする3つのコツ

コツ1 お米をじょうずに選ぶ
→p.10~11

お米にはさまざまな品種があり、それぞれねばりけやかたさ、粒の大きさなどがちがう。これらの特ちょうによって、どんな料理に合うかも変わってくる。また、同じ品種のお米でも、精米や加工の方法によって味わいが変わる。

▲お米は品種や精米、加工のしかたのちがいによってもあまみや香りがちがう。

コツ2 お米を正しく保存する
→p.12~13

買ったあとに正しく保存したお米と、ほったらかしにしたお米とでは、炊いたときのおいしさに大きなちがいが出る。高温や湿気はお米の品質を落とす原因になる。

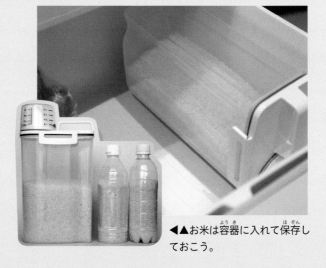

◀◀お米は容器に入れて保存しておこう。

※それぞれのページでくわしく説明しています。

秋に出回る新米

　毎年秋になると、お米屋さんやスーパーマーケットのお米売り場で「新米」や「新米入りました」などと書かれた商品が売り出されます。新米は、文字どおり収穫されて間もない新しいお米で「おいしい」と人気です。なぜおいしいのでしょうか？

　お米は正しく保存するととても長もちする食べものですが、野菜と同じ生鮮食品です。とくに精米したあとのお米は、空気にふれると時間とともに酸化（酸素にふれて物質が変化すること）し、味が悪くなります。また、新米のときはほどよい水分量ですが、時間がたつと水分が少なくなり、パサパサとした食感になります。

▲9〜10月ごろ、その年に収穫したばかりのお米が店頭にならぶ。

▶新米は見た目がつややかでほどよい水分があり、さわったときにしっとりしている。

コツ3 お米をていねいに炊く
→p.14〜17

　お米を炊くとき、お米に吸水させたり水の量を調整したり、炊く前の準備をきちんとすればごはんはぐんとおいしくなる。炊飯器がなくても、火加減の調整のしかたを覚えておけば、なべでも簡単にお米が炊ける。

▲お米に適度な水と熱を加えることで、ふっくらおいしいごはんが炊きあがる。

ごはんをおいしくするコツは、p.6〜7で勉強したデンプンの性質にも関係しているよ

そうなの!?
もっとくわしく
調べてみようかな

お米をじょうずに選ぶ

お米をじょうずに選ぶために、まずはさまざまな種類のお米の特ちょうを知っておきましょう。

○ お米の種類によって特ちょうがちがう

お米には、「コシヒカリ」「あきたこまち」などさまざまな品種（➡4巻 p.8 〜 19）があり、産地も日本各地にわたります。また、2種類以上の品種をまぜたブレンド米、お米に雑穀などをまぜた雑穀米、赤米、黒米など色のついた古代米、タイ米など外国産のお米もあります。それぞれ、「もっちりしている」「あっさりしている」「やわらかい」「かため」など味わいがちがっていたり、栄養が豊富だったりという特ちょうがあります。

粒が大きい、冷めてもおいしい、カレーとよく合うといった特ちょうのお米もあるよ

料理に合わせて選んでもいいんだね

お店で売られているさまざまなお米

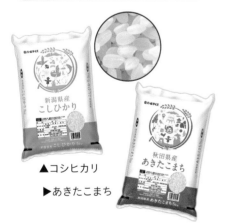

▲コシヒカリ

▶あきたこまち

さまざまな品種のお米

さまざまな品種があるが、近年売られているお米は、品種改良によってどれもおいしい。「魚沼産コシヒカリ」など、ブランド化した人気の品種もある（➡4巻 p.10）。

（写真：全農パールライス株式会社）

ブレンド米

2種類以上の品種のお米をまぜ合わせたもの。まぜることで味や品質が安定する。人気の品種とくらべて値段が安め。

（写真・株式会社ヤマタネ）

古代米

▲赤米　　▲黒米

日本やアジアで古くから食べられてきた品種。赤米や黒米、緑米などがあり、炊くと色のついたごはんになる。栄養が豊富なものが多い。

（写真：オーサワジャパン株式会社）

◀16種類の雑穀を白米にまぜて炊く商品。

雑穀米

お米に雑穀（アワやヒエ、キビなどの穀類）や豆類をまぜたもの。雑穀の数によって十穀米、十六穀米などがある。

（写真：株式会社はくばく）

外国産のお米

タイでよく食べられていて、ほのかにあまい香りのするジャスミン米なども売られている。

（写真：ヤマモリ株式会社）

精米や加工の方法ちがい

精米とは、ぬか（種皮）や胚芽（胚）が付いた状態のお米「玄米」から、これらを取りのぞいて「白米」などにすることです（➡3巻 p.18〜19）。売られているお米の多くが白米ですが、玄米や、「分つき米」（精米で取りのぞくぬかや胚芽の割合を調整したお米）もあります。

玄米や分つき米は白米とくらべて味にくせがあり、食べづらいと感じる人もいますが、白米にはない栄養素をとることができます。また、特殊な精米や加工の方法で栄養価を高めながら食べやすくした「発芽玄米」や「胚芽米」などもあります。

もみ

▲もみ殻がついたままのイネの実。

胚芽（胚）
ぬか（種皮）
胚乳
もみ殻（えい）

玄米

◀もみからもみ殻を取りのぞいた状態。

一般的な精米

分つき米

◀玄米からぬかと胚芽を部分的に取りのぞいた状態。3割取りのぞいた「3分つき」、5割取りのぞいた「5分つき」、7割取りのぞいた「7分つき」などがある。

白米

◀玄米からぬかと胚芽をほとんど取りのぞいた状態。

無洗米

◀白米の表面に残る目に見えないほどの細かいぬかも取りのぞいた状態。

特殊な精米・加工

胚芽米

▲玄米から胚芽は残してぬかだけを取りのぞいた状態。栄養素は玄米よりやや少なくなるが、玄米よりも食べやすい。

発芽玄米

▲玄米に胚芽から芽をわずかに出させた状態。発芽によって、栄養価が高まる。

知りたい！　とがなくてもよい無洗米

白米は見た目はまっ白ですが、表面のかすかなくぼみに精米で取りきれなかったわずかなぬかが残っています。炊く前にお米を※とぐのはこれを取るためです。無洗米は、このわずかなぬかも特別な方法で取りのぞいているので、とがずに炊くことができます。
※「とぐ」は水に入れてこすって洗うこと。

白米のくぼみのぬかも完全に取りのぞくと無洗米になる。

お米まめ知識　ぬかにはビタミン B_1 という栄養素がふくまれているよ。江戸時代、それまで玄米を食べていた人たちがぬかを取った白米を食べるようになると、ビタミン B_1 不足で「かっけ」という病気が流行したよ。

お米を正しく保存する

お米は、長く保存ができるとてもすぐれた食べものです。
正しく保存することで、おいしさも長もちします。

お米が苦手なものを知っておこう

お米は、もみや玄米の状態であれば、もみ殻やぬかに守られているので、ある程度長く保存することができます。しかし、もみ殻やぬかを取りのぞいた白米は、空気にふれると酸化し、どんどん味が落ちていきます。また、高温や湿気もお米の品質を落とす原因になります。お米を長くおいしく保存するために、お米が苦手なものを知っておきましょう。

一般的な米袋には
小さな穴があいていて
そのまま置いておくと
お米が酸化していくので注意！
最近はお米が空気にふれないよう
真空パックにした商品もあるよ

お米が苦手なもの

高温

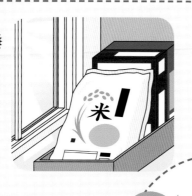

高温だとお米の酸化が進みやすくなる。直射日光が当たる場所やコンロの近くには置かないほうがよい。

湿気

湿気が多いとお米にカビがはえやすくなる。梅雨の時期の窓ぎわやシンクのそばは避ける。

害虫

容器のすきまや米袋を食いちぎって侵入し、お米を食べたり卵を産んだりする害虫がいる。高温で湿気が高いと害虫がわきやすい。

しめしめ
ふたが開いて
いるぞ♪

におい

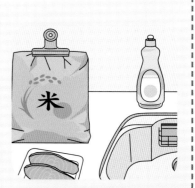

白米はにおいが移りやすい。洗剤や魚など、においがきついもののそばに置くと、においが移ってお米の風味が落ちる。

お米まめ知識　「同じ釜の飯を食う」という慣用句があるよ。いっしょに生活して、苦楽をともにすることをいうよ。「同じ釜の飯を食った仲」というのは、それだけ親しいあいだがらということなんだ。

○ お米は容器に入れて冷蔵庫で保存する

お米を保存するときは、湿気や害虫、においからお米を守るため、ふたつきで密閉できる容器がおすすめです。空にして乾燥させたペットボトルも利用できます。

また、日が当たらなくてすずしい場所に置くか、冷蔵庫に入れます。密閉容器を使えば冷蔵庫内の湿気、食材からのにおい移りも防げます。

お米の保存場所

お米の保存容器

▲市販のお米用保存容器。ふたのところにパッキンが付いていて密閉できる。　▲飲み終わったペットボトルを乾燥させて再利用してもよい。

長く保存できるといっても、お米は生鮮食品だから早いうちに食べきったほうがいいよ！

◀お米は冷蔵庫、または室内の暗くてすずしい場所で保存する。冷蔵庫で保存する場合は、冷蔵室でもよいが、温度が急激に変化しにくい野菜室がおすすめ。

もっと知りたい！ 炊いたごはんの保存方法

お米を保存するなら冷蔵庫で冷蔵保存がよいのですが、炊いたごはんを保存するなら冷凍保存のほうが向いています。これは、お米にふくまれているデンプンの変化（➡ p.14 ～15）に理由があります。

お米にふくまれているデンプンは、炊く前はβデンプンというかたくて味やにおいがないデンプンですが、炊くとやわらかくておいしいαデンプンに変化します。このαデンプンは、時間をかけて冷めていくうちに、ふたたびもとのβデンプンにもどってしまいます。

しかし、炊いたばかりのごはんを冷凍庫で一気にこおらせれば、おいしいαデンプンのまま保存ができるのです。

◀ごはんの冷凍保存用の容器。こおり方にムラが出ないよう平たくなっていたり、あとで電子レンジで解凍するときに熱が伝わりやすくできていたりする。

▲冷凍庫の平らな場所に置いて保存する。

お米をていねいに炊く

おいしいごはんにするために、お米を炊くと、お米の中のデンプンがどのような変化を起こすのかを知っておきましょう。

水と熱が加わり「お米」から「ごはん」へ

お米を炊くときは、まず、お米を水につけ吸水させます。お米の中にはデンプンがつまっていて、乾燥した状態ではデンプンどうしがしっかりと結びついています（❶）。これが吸水によってデンプンとデンプンのすき間に水がしみこみ、お米の中心まで水が行きわたります（❷）。

水を吸ったお米に熱が加わると、デンプンどうしの結びつきがゆるくなり、お米はゆっくりとふくらんでいきます。やがてお米全体がむらなくやわらかくなっていき、ふっくらとしたおいしいごはんが炊きあがります（❸）。

水と熱がお米をおいしく炊くポイントなんだね！

もっと知りたい！ 吸水 お米の吸水時間

お米を水につけるとき、時間は夏なら30分、春や秋は40～50分、冬は1時間くらいがめやすです。

これには理由があります。お米は吸水を始めてから最初の20分くらいで、勢いよく水を吸い上げます。そして、そのあとはゆるやかに吸水していきます。水温が高いほうが吸水が早く、夏なら30分、冬なら1時間をこえるとほとんど吸水しなくなります。それ以上吸水させる必要はなくなるのです。

調理によるお米の変化

1
炊く前のお米。乾燥していて、中のデンプンどうしがかたく結びついている。

吸水

2
吸水させることで、デンプンのすき間に水が入りこみ、内部まで水が行きわたる。

加熱
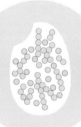

3
加熱することでデンプンどうしの結びつきがゆるくなり、粒がふっくらする。

ごはんのおいしさにかかわるデンプンの変化

生のお米にふくまれている、デンプンどうしの結びつきが強いデンプンを「βデンプン」といいます。βデンプンは、水にとけにくく、食べたときに消化しにくいのが特ちょうです。

これに水と熱を加えると、デンプンどうしの結びつきが弱くなり、のりのようなねばりけが出てきます。この変化を「糊化」といい、変化したデンプンを「αデンプン」といいます。αデンプンは水にとけやすく、消化しやすいデンプンです。

炊きあがったごはんにふくまれるデンプンは、時間がたつとふたたびβデンプンにもどります。これを「老化」といいます。ごはんは炊きたてがいちばんおいしいのです。

生のお米

水＋熱 → 糊化

βデンプン

▲生のお米のデンプンの状態はβデンプン。デンプンどうしがかたく結びついていて、消化しにくい。

炊いたごはん

放置 → 老化

αデンプン

▲お米を炊いたあとのデンプンはαデンプン。デンプンどうしの結びつきが弱く、消化しやすい。

炊いたあと時間がたったごはん

βデンプン

▲炊いてからそのまま時間がたつと、デンプンの状態はふたたびβデンプンにもどる。水分をふくんでいるのでやわらかいが、おいしくなくなる。

βデンプンがαデンプンに変わることを「α化」ともいうよ！α化したまま老化しないように加工したα化米（→p.35）というお米の商品もあるよ

もっと知りたい！ **加熱** **お米をおいしく炊くための火加減と水温**

お米を炊くとき、沸騰するまで火加減は中火、沸騰したら弱火にしてしばらく加熱し、火を止めて蒸らす、というのがじょうずに炊くコツです。このことを、昔の人は「はじめちょろちょろ、中パッパ、ジュージューふいたら火を引いて、赤子泣いてもふた取るな」と言いました。

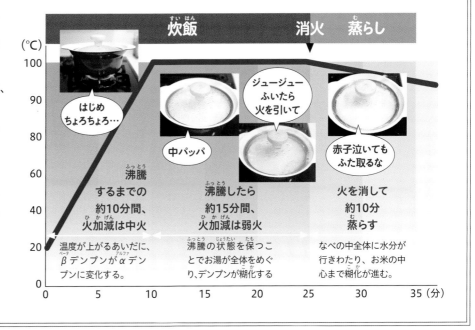

炊飯 **消火** **蒸らし**

（℃）

はじめちょろちょろ…

中パッパ

ジュージューふいたら火を引いて

赤子泣いてもふた取るな

沸騰するまでの約10分間、火加減は中火
温度が上がるあいだに、βデンプンがαデンプンに変化する。

沸騰したら約15分間、火加減は弱火
沸騰の状態を保つことでお湯が全体をめぐり、デンプンが糊化する

火を消して約10分蒸らす
なべの中全体に水分が行きわたり、お米の中心まで糊化が進む。

お米まめ知識 お米を炊くとき、どんな水を使うとおいしく炊けるのかな？ 水にはふくまれるミネラルの量により「軟水」と「硬水」があって、日本で食べられているお米には軟水が合うよ。水道水は軟水だよ！

なべでお米を炊いてみよう!

炊飯器がなくても、なべで簡単にお米を炊くことができます。

用意するもの

- お米(うるち米) 2合
- 水 360mL
- 土なべ(7〜8号、直径20〜25cmぐらいの2〜3人用)
- 計量カップ

土なべ

▲熱がゆっくり伝わり、一度温まると熱が保たれ、炊いたごはんが冷めにくい。

ふつうのなべ

▲なべのふちが上向きになっているものが、沸騰してもふきこぼれにくい。

土なべがなかったら家にあるほかのなべでもだいじょうぶだよ!

炊き方

1 お米をはかる

1合180mLのお米用計量カップにお米をしっかりつめて、すり切り(計量カップのふちの高さでお米を平らにする)ではかる。

2 お米をとぐ

ボウルにお米と水を入れる。手を軽く開いた状態で、お米をかき回すようにしてといでいく。水が白くなったら水を捨てて水を入れかえる。これを2〜3回くり返す。

お米はお湯ではなく水でといでボウルで吸水させよう!
土なべで吸水させてそのまま火にかけると土なべが割れることがあるので注意!

3 お米に水を吸わせる

といだあとの水を捨ててボウルにきれいな水を入れ、お米に水を吸わせる。夏は30分、冬は1時間がめやす(➡p.14)。

4 お米をなべに移す

ざるを使っていったん水をきり、なべにお米を移す。360mLの水を入れて、ふたをする。

ジュー
ジュー

おいしく
炊けているかな?

はじめ
は中火

5 加熱する

はじめは中火で加熱して、中の水をしっかり沸騰させる。「ジュージュー」となべから音がしたり、泡がふき出したりしたら、沸騰した合図。弱火に切りかえて、さらに15分ほど加熱する（→p.15）。

できあがり!

6 ごはんを蒸らす

火を止めたら10分ほどふたをしたままにして、ごはんを蒸らす。

7 ごはんをほぐす

ふたを開けてごはんをほぐし、よぶんな水分をとばす。これでできあがり。

こんな方法も!

飯ごうを使った炊飯

飯ごうは、おもに野外で使われている携帯用の炊飯器です。もとはヨーロッパの軍隊が食料を入れたり、食事用の器として使ったりしていたものが、日本で炊飯用に改良されました。飯ごうひとつで、お米をとぐ、ボウル、炊飯器、食器として使えます。

▼野外で火をおこして使うときは、火加減が少しむずかしい。大人の人といっしょに調理しよう。

飯ごうでのお米の炊き方（2合）

1 飯ごうの内ぶたでお米をはかる。すりきりではかると2合になる（外ぶたは3合）。

2 飯ごう本体を使ってお米をとぐ。とぎ終わったら、飯ごうの中の目盛りに合わせて水をそそぐ。

3 しっかりとふたをして火にかける。火にかける時間は土なべで炊くときと同じ。

4 火から下ろしたら、飯ごうをさかさにして蒸らす。10分ほど蒸らしたら、できあがり!

進化する炊飯の道具

昔の人は、どのような道具を使ってごはんを炊いていたのでしょうか。
炊飯の道具の歴史をひもといてみましょう。

土器から釜、そして炊飯器へ

　ごはんを炊くための道具は、日本の長い歴史とともに進化してきました。お米が日本に伝わったのは、およそ3000年前の縄文時代とされています。はじめのころは、お米を焼いたり煮たりして食べていたと考えられています（➡6巻p.14～15）。やがてお米を蒸すようになり、釜の登場によってお米を炊くことができるようになりました。どの時代の人たちも、きっとお米をどうにかしておいしく食べようと努力してきたのでしょう。そして、その努力は現代になっても続いています。

昔は赤米（➡p.10）を食べていたよ

弥生時代

ねん土でつくった「土器」を使い、お米を「煮る」方法をとっていた。土器に多めの水を入れてお米を煮て、やわらかいおかゆ状にして食べていたと考えられている。

◀「かめ」という土器。ねん土をこねて器のかたちにして、わらや土をかぶせて焼きかためたもの。

古墳時代

底に穴があいた「こしき」という土器がつくられ、お米を「蒸す」ことができるようになった。かめとこしき、2種類の土器を組み合わせてお米を蒸して、かためのごはん（強飯）にして食べていた。

▶水を入れた下釜とお米を入れたこしきを重ね、たき火で加熱する。水蒸気がこしきの底の穴を通り、お米を蒸す。

下釜
ふた
こしき
米
麻布
かまど
水

平安時代

「羽釜」とかまどを使って、お米を「炊く」ようになった。かまどの強い火力によってお米を一気に加熱することができ、おかゆより少しかたいごはん（姫飯）も食べられるようになった。

▶羽釜はまわりにぐるっとつばが付いている丸みのある釜で、このころは土器だった。羽釜のかたちは日本人によって考え出されたとされている。

江戸時代

江戸時代の中ごろに鉄の羽釜にぶあついふたを付けて炊く方法が広まった。このころから、現代と同じように炊いたごはんが食べられるようになった。

▼釜にふたを付けたことで、お米に水分をじゅうぶん吸収させることができ、ふっくらとやわらかいごはんが炊けるようになった。

（写真：金沢くらしの博物館）

明治時代にはガスを使ってごはんを炊くガス炊飯器が登場したよ

昭和時代

1955（昭和30）年に自動で一気にごはんが炊ける炊飯器「自動式電気釜」が登場した。ただし、ごはんを長時間保温するには専用の「保温ジャー」にごはんを移しかえていた。1972（昭和47）年には、電気釜と保温ジャーが一体化した「炊飯ジャー」が登場した。

◀スイッチを入れれば自動でごはんが炊けて、自動で保温できる炊飯ジャーは、当時画期的な発明だった。

（写真：一般社団法人日本電機工業会）

平成～令和時代

コンピュータで制御された高機能な炊飯器が登場。玄米や白米、無洗米といったお米の種類や品種によって炊き具合を調整してくれるものもある。

炊飯器はだんだん進化してきたんだね！未来にはどんな炊飯器ができるかな？

▲圧力IH炊飯器。IH（電磁誘導加熱）は、電流の力で加熱するしくみ。内釜を囲むようにIHコイルが配置され、底だけでなくまわりからも熱が伝わるので、お米をむらなく均一に炊くことができる。

（写真：象印マホービン株式会社）

ごはんと栄養素

ごはんはおいしいだけではなく、栄養豊富な食品です。
ごはんにふくまれる栄養素について見ていきましょう。

○ 茶わん1杯でさまざまな栄養をおぎなうことができる

ごはんには、からだに必要なさまざまな栄養素がふくまれています。成分のほとんどをしめているのが、おもにからだに吸収されてエネルギーとなる炭水化物です。また、タンパク質もふくまれています。タンパク質は、肉や魚、卵、乳製品などにふくまれる「動物性タンパク質」と豆類や穀類、野菜、くだものなどにふくまれる「植物性タンパク質」に分けられますが、お米にふくまれるのは植物性タンパク質です。

ごはんには、ほかにもカルシウム、鉄分などのミネラル（無機質）や、ビタミン B₁ などがふくまれています。ごはんはエネルギーを補給し、からだに必要な栄養素を幅広くおぎなうことができる食品なのです。

もっと知りたい！ 五大栄養素って何？

栄養素はおおまかに5つのグループに分けられ、これらを「五大栄養素」とよんでいます。

炭水化物
大きくからだを動かすエネルギーとなる「糖質」と、おなかの調子をととのえる「食物繊維」に分けられる。

タンパク質
血や肉のもととなる。

ミネラル（無機質）
カルシウムや鉄分など、歯や骨、血液の中で酸素を運ぶ「赤血球」のもととなる。

脂質
からだを動かすエネルギーのもととなる。

ビタミン
からだの調子をととのえる。

茶わん1杯（150g）にふくまれる栄養素

炭水化物 55.65g 〔ジャガイモ 小3個分〕
ごはんの炭水化物は糖質がほとんどだが、食物繊維もわずかにふくまれている。

タンパク質 3.75g 〔納豆 1/2パック分〕
ごはんには、「必須アミノ酸」とよばれるからだに不可欠な9種類のアミノ酸（➡P.23）がバランスよくふくまれている。

脂質 0.45g 〔食パン（6枚切り） 1/6枚分〕
からだを動かすエネルギーとなるが、たくさんとると肥満になりやすい。

カルシウム 4.5mg 〔牛乳 小さじ1杯分〕
ミネラル（無機質）の一種。骨や歯のもととなる。

ビタミン B₁ 0.03mg 〔豚ロース肉 うす切り 1/5枚分〕
糖質をエネルギーに変える働きがある。

鉄分 0.15mg 〔ホウレンソウ 1〜2枚分〕
ミネラル（無機質）の一種。赤血球のもととなる。

ごはん 茶わん 1杯分（150g）
エネルギー 252kcal

ごはんを茶わん1杯食べるだけでこんなにたくさんの栄養がとれるんだね！

※日本食品標準成分表2015年版（七訂）をもとに計算

白米・分つき米・玄米の栄養素のバランス

白米と玄米のちがいは、ぬかと胚芽があるかどうかです。ぬかにおおわれている玄米は、中心までふっくらと炊くのがむずかしく、かためのボソボソとしたごはんになってしまうことがあります。

しかし、ぬかと胚芽がある分、一部の栄養素は白米のごはんよりも多くなっています。ぬかや胚芽はおいしく食べるために取りのぞく部分ですが、多くの栄養素がつまっています。そこで、精米を調整してぬかと胚芽を部分的に残す分つき米や、特殊な精米・加工方法で栄養素は残したまま食べやすくした胚芽米や発芽玄米もあります（➡ p.11）。

ごはんの種類による栄養素のちがい

※ごはん お茶わん1杯分（150g）での比較
※日本食品標準成分表2015年版（七訂）をもとに計算

	白米ごはん	5分づき米ごはん	玄米ごはん
ごはんの種類			
おもな成分	エネルギー 252kcal 炭水化物 55.65g タンパク質 3.75g 脂質 0.45g カルシウム 4.5mg 鉄分 0.15mg ビタミンB_1 0.03mg	エネルギー 250.5kcal 炭水化物 54.6g タンパク質 4.05g 脂質 0.9g カルシウム 6mg 鉄分 0.3mg ビタミンB_1 0.12mg	エネルギー 247.5kcal 炭水化物 53.4g タンパク質 4.2g 脂質 1.5g カルシウム 10.5mg 鉄分 0.9mg ビタミンB_1 0.24mg
特ちょう	同じ量のごはんでくらべたとき、白米ごはんは玄米ごはんより胚乳の割合が高くなる。そのため、エネルギーや炭水化物が玄米ごはんよりもやや多い。	ぬかと胚芽を5割残しているので、白米ごはんよりも脂質やカルシウム、ミネラル、ビタミンB_1の量がやや多い。	ぬかと胚芽が完全に残っているので、脂質やカルシウム、ミネラル、ビタミンB_1の量が多い。

もっと知りたい！ 白米とパン、どちらが栄養がある？

※白米ごはんと食パン、どちらも100gでの比較
※日本食品標準成分表2015年版（七訂）をもとに計算

パンは、ごはんと同じように主食として食べられている食品です。同じ量のごはんと食パンの栄養素をくらべると、食パンのほうが多くの栄養素が上回っていることがわかります。しかし、脂質については白米の14倍もの量がふくまれています。白米ごはんの栄養は決して少ないわけではないので、脂質が少ない分、パンよりも栄養のバランスがよいといえます。

	エネルギー	炭水化物	タンパク質	脂質	カルシウム	鉄分	ビタミンB_1
白米ごはん(100g)	168kcal	37.1g	2.5g	0.3g	3mg	0.1mg	0.02mg
食パン(100g)	260kcal	46.6g	9.0g	4.2g	23mg	0.5mg	0.07mg

お米まめ知識 ビタミンB_1は、日本の科学者・鈴木梅太郎が1910（明治43）年に米ぬかから抽出に成功。彼はオリザニンと名前をつけたが日本語での報告だったため、世界初の発見者の栄誉を逃してしまったよ。

ごはんとおかずの栄養バランス

毎日健康に過ごすためには、栄養バランスのととのった食事が欠かせません。ごはんとおかずでさまざまな栄養素をとりましょう。

栄養バランスがととのっている和食の一汁三菜

わたしたちがよく食べている、ごはんとみそ汁、数種類のおかずという組み合わせは、和食の献立のきほんである「一汁三菜」がもととなっています。一汁三菜の「汁」は、みそ汁やお吸い物など

の汁物のことです。「菜」はおかずのことで、肉や魚、卵などを使った主菜と、野菜やくだものなどを使った副菜に分けられます。

主食となるごはんに汁物、そしてさまざまな食材を使った3種類のおかずを組み合わせることで、栄養バランスにすぐれた食事になります。

副菜
野菜やくだものなどを使ったおかず。植物性タンパク質やミネラル、ビタミンをとる。

主菜
魚や肉、卵などを使ったおかず。動物性タンパク質や脂質をとる。

一汁三菜の献立

一汁三菜の食事。お米のほか、みそ（大豆食品）、魚、野菜といろいろな食品を使っている。

ふだん食べている食事は一汁三菜になっていることが多いんだね

主食
ごはんやパン、めん類など。エネルギーのもととなる炭水化物をとる。

汁物
みそ汁やお吸い物など。とうふや野菜などの具を入れて、栄養をおぎなう。

お米まめ知識　和食は2013（平成25）年に、ユネスコ無形文化遺産に登録されているよ。栄養バランスがよい点や、おせちのような伝統行事との関わりが深い点、地域に根ざした食材を使っている点などが認められたんだ。

ごはんとみそ汁は最強コンビ

五大栄養素のひとつのタンパク質は、アミノ酸という成分が組み合わさってできています。何種類かあるアミノ酸のうち「必須アミノ酸」とよばれる9種類のアミノ酸はからだの中でつくれず、食べ物からとるしかありません。お米のタンパク質には、ほとんどの必須アミノ酸がバランスよくふくまれています。そして、みそ汁のみそは大豆が原料で、大豆にはお米に足りていない必須アミノ酸がふくまれています。ごはんとみそ汁は栄養バランスの面でとてもよい組み合わせなのです。

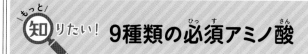

もっと知りたい！ 9種類の必須アミノ酸

アミノ酸には数百もの種類がありますが、そのうち、タンパク質のもととなるアミノ酸は20種類です。アミノ酸は基本的には人間の体内でつくることができる成分ですが、人間の体内でつくることができない9種類を必須アミノ酸とよんでいます。

イソロイシン	メチオニン	トリプトファン
ロイシン	フェニルアラニン	バリン
リジン	トレオニン	ヒスチジン

ごはんとみそ汁のアミノ酸の足し算

ごはん

- イソロイシン ◎
- ロイシン ◎
- リジン △
- メチオニン ◎
- フェニルアラニン ◎
- トレオニン ○
- トリプトファン ◎
- バリン ◎
- ヒスチジン ◎

9種類の必須アミノ酸のうち、リジンが少なめ。

＋

みそ汁

- イソロイシン ◎
- ロイシン ◎
- リジン ◎
- メチオニン △
- フェニルアラニン ◎
- トレオニン ◎
- トリプトファン ◎
- バリン ◎
- ヒスチジン ◎

9種類の必須アミノ酸すべてがふくまれている。

＝

必須アミノ酸

- イソロイシン ◎
- ロイシン ◎
- リジン ◎
- メチオニン ◎
- フェニルアラニン ◎
- トレオニン ◎
- トリプトファン ◎
- バリン ◎
- ヒスチジン ◎

全員集合！

ほかにもいろいろ！

ごはんと合う大豆食品

ごはんと相性のよい、大豆を使った食品は、みそだけではありません。わたしたちはふだんからごはんと大豆食品をいっしょに食べています。

とうふ

しょう油

油揚げ

なっとう

煮豆

ごはんを使ったいろいろな料理

ごはんは、そのまま食べてもおいしいですが、
調理法や組み合わせる食材を変えれば、さらに楽しめます。

ひと手間加えて おいしい料理に大変身

和食ではごはんと汁物とおかずを別べつに盛り
つける一汁三菜がきほんですが、ごはんと食材を
いっしょに炊いたり煮こんだり、ごはんにおかず
をのせたりすることで、ごはんのおいしさをさら
に引き出しています。

　ここでは定番のごはんを使った料理を紹介し
ます。このほかに、地域の伝統に根づいた郷土料
理（→ p.28 ～ 29）などもあります。

▶のりおにぎり

おにぎり

ごはんをにぎって、三角や俵、丸などのかた
ちにしたもの。外側にのりを巻き、中に鮭、
たらこなどのおかずを入れることが多い。

お茶づけ　　▲鮭茶づけ

ごはんに具をのせて、熱いお茶をかけたも
の。のりや鮭、梅、たらこなどの具が定番
だが、なっとうや刺身といった食材をのせ
ることもある。お茶の代わりにだし汁をか
けることもある。

おかゆ

ふつうのごはんを炊くときよ
りも多めの水で、お米をやわ
らかく炊いたもの。ごはんだ
けの白がゆに梅干しなどの具
をのせたり、卵を入れたりす
る。1月7日には1年の健康
を願って、7種類の野草を入
れた七草がゆを食べる。

▲梅がゆ

◀七草がゆ

ぞうすい

だし汁にごはんや魚介類、野菜、卵などの
具を加えて煮こんだもの。なべもののだし
汁にごはんを足してつくることも多い。

▶卵ぞうすい

炊きこみごはん

お米と具をいっしょに炊いたもの。お米をとり肉と油揚げ、ニンジン、ゴボウなどと炊いた五目ごはんや、山菜、根菜、きのこ、タケノコ、肉、魚など、いろいろな具を組み合わせた炊きこみごはんがある。

▲五目ごはん

◀タケノコごはん

おこわ

もち米を蒸したもの。お祝いの席で食べられる赤飯はおこわの一種で、もち米にあずきを加えたもの。山菜や栗を加えたおこわもよく食べられている。

▲山菜おこわ

▲赤飯

すし

酢と調味料をまぜ合わせたすし飯にタネ（魚介類）を合わせたもの。ひと口大ににぎったすし飯にタネをのせたにぎりずしや、のりの上にすし飯とタネを置いて巻いた巻きずしなどがある。器に盛ったすし飯に、味付けしたタネをちらしたちらしずしも人気。

▲うな重

▲牛丼

▲天丼

▲にぎりずし

どんぶり飯

どんぶりに盛ったごはんにおかずをのせたもの。牛肉のすき焼きをのせた牛丼、たれをくぐらせた天ぷらをのせた天丼、とり肉の卵とじをのせた親子丼など、さまざまな種類がある。うな重のように、どんぶりの代わりに重箱を使うこともある。

◀ちらしずし

25

ごはんをおいしく食べよう

お米の料理を食べる風習

日本には、季節ごとの行事に合わせてお米を使った特別な料理を食べる風習があります。

米づくりとともに根づいてきた風習

日本では昔から、米づくりは人びとにとって身近で、生活に密接したものでした。そして、毎年決まった時期におこなわれる年中行事のときなどには、お米を使った特別な料理を食べました。そうした風習は今に受け継がれ、それぞれの行事の定番の料理になっています。行事のときなどに食べるお米を使った料理を見てみましょう。

お正月

穀物の神である「年神様」を家におむかえして、前年の実りに感謝し、新たな年の豊作を願う。お雑煮などを食べるほか、おもちを供えたり稲穂やわらでつくったものを飾ったりする。

鏡もち
年神様へのお供えとして、鏡に見立てた丸いおもちを飾る。家にやってきた年神様は鏡もちに宿るといわれている。

お年玉
今とちがい、昔はおもちを配っていた。年神様が宿った鏡もちを、家の主が家族に分けあたえるという意味があった。

お雑煮
お年玉でもらったおもちを食べることで、神様から力をさずかり、1年を無事に過ごせるとされている。

冬

七種（人日）の節句

1月7日は「七種（人日）の節句」という節目の日。1年の健康を願い、7種類の野草を入れた七草がゆを食べる。おかゆを食べて、お正月のごちそうを食べすぎた胃を休めるためともいわれている。

鏡開き

お正月が終わった1月11日に、供えてあった鏡もちを下げて、おしるこや雑煮にして食べる。木づちや手でわってもちを小さくするが、「わる」という言葉は縁起が悪いので「開く」と言いかえている。

七草がゆ
◀セリ、ナズナ、ゴギョウ、ハコベラ、ホトケノザ、スズナ、スズシロの7種類の野草が入っている。

鏡もち
▲◀鏡もちを開き、おしるこなどにして食べる。

2月 節分

節分に「恵方巻き」とよばれる巻きずしを食べる。「恵方」とは、年神様がその年にいる方角をさす。もとは大阪の商家の風習だったが全国的に広まった。

恵方巻き

▲節分のときに、恵方を向いてしゃべらずに最後まで食べると、縁起がよいとされている。

4月 お花見

昔は、桜が咲く時期になると田んぼの神様が山から下りてくるとされていた。桜の下で料理を食べるのは、神様をおむかえしてもてなすという意味があった。

▲花見は田植えが始まる前の時期に、豊作を願っておこなわれた。

花見団子

▶ピンク、白、緑の3色が一般的。それぞれ春の桜、冬のなごりの雪、近づいてくる夏の葉を表しているという説がある。

春

秋

9月 お月見（十五夜）

昔の暦の8月15日（現在の9月中旬〜下旬）の夜に、ススキの穂を飾り、月をながめる。中国から伝わった秋の美しい月を観賞する行事だったが、作物が実る時期でもあったため、収穫に感謝する意味が合わさって月見になった。団子やイモ、お酒などを供える。

ススキ

お米の収穫には早い時期なので、ススキを稲穂に見たてて飾ったといわれる。

月見団子

米粉（上新粉）をこねて蒸した丸い団子を積み重ねて飾る。

日本各地にはその地域に根づいた料理もあるんだって！自分の住む地域の料理を調べてみよう！

お米を使った郷土料理

地域の人びとに長年食べられてきた郷土料理のなかには、
お米を使ったものがたくさんあります。

地域の名産品と お米を使ったふるさとの味

　郷土料理は、日本各地で長年受け継がれてきた独自の調理法でつくる料理です。その地域でとれる名産品を使っているものが多く、地域の人びとにとってはふるさとの味といえます。

　ここでは、日本全体を西日本と東日本に分けて、代表的な郷土料理を紹介します。自分の住む地域など、ほかにもお米を使った郷土料理がいろいろあるので調べてみましょう。

お米の郷土料理〜西日本編〜

1 滋賀県
3 鳥取県
2 奈良県
4 徳島県
5 沖縄県
6 宮崎県

西日本は、近畿地方、中国・四国地方、九州・沖縄地方から6品を紹介するよ！

1 滋賀県代表 フナずし

塩漬けにしたフナの身にごはんをつめこみ、その上からさらにごはんをしきつめ、半年ほど発酵させたもの。独特なうまみとにおいがある。

2 奈良県代表 柿の葉ずし

サバや鮭の切り身などを塩や酢でしめて、一口大のすし飯にのせ、柿の葉っぱで包んで一晩おいたもの。

3 鳥取県代表 ののこ飯

お米とニンジンやシイタケ、ゴボウ、とり肉などの具をまぜ、油揚げの中につめて、しょう油味のだし汁で炊いたもの。

（写真：米子いただき・がいな隊）

4 徳島県代表 ボウゼの姿ずし

ボウゼ（イボダイ）を頭を残して開き、酢でしめてから中にすし飯をつめたもの。

5 沖縄県代表 カーサムーチー

もち粉でつくったもちをカーサ（月桃の葉っぱ）で巻いて蒸したもの。もちに紫イモや黒糖をまぜて味や色をつけることもある。

6 宮崎県代表 冷や汁

焼いてほぐしたアジの身、すりごま、みそをよくまぜて火であぶり、冷たいだし汁、キュウリやとうふなどの具を加えてみそ汁にする。これを温かいごはんにかけて食べる。

お米の郷土料理～東日本編～

東日本は、
北海道・東北地方、
関東地方、中部地方から
6品を紹介するよ！

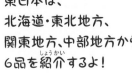

7 北海道

7 北海道代表
いか飯

内臓を取ったイカにもち米をつめ、しょう油味のだし汁で炊いたもの。もち米といっしょにイカのげそを入れることも多い。

8 宮城県代表
ずんだもち

おもちに、すりつぶした枝豆を使った「ずんだあん」をからめたもの。

10 秋田県
8 宮城県
11 石川県
9 群馬県
12 愛知県

9 群馬県代表
釜飯

ひとり用の釜に、お米といっしょにエビやとり肉、タケノコ、きのこなどの具を入れ、しょう油と酒で味を付けて炊いたもの。

10 秋田県代表
きりたんぽ

ごはんをつぶしたものを木の棒などに巻き付け、焼いたもの。みそを付けたり、なべの具にしたりして食べる。

11 石川県代表
かぶらずし

かぶら（カブ）に切りこみを入れて、ブリやニンジンなどをはさみ、米こうじに漬けこんで発酵させたもの。

12 愛知県代表
ひつまぶし

ウナギのかば焼きを小さく切って、ごはんにのせたもの。そのまま食べるほか、お茶やだし汁をかけてお茶づけにして食べる。

みんな大好き！炊きこみごはん

お米を使った郷土料理で、とくに種類が多いのが炊きこみごはんです。地域でとれる魚介類や肉類、野菜などを使って炊いたごはんは、地域の人びとの食卓に欠かせないものとなっています。

▼カキを使った
かきめし（広島県）

◀アサリを使った
深川めし（東京都）

▶豚バラ肉を使った
ジューシー（沖縄県）

やってみよう！

おいしいおにぎりをつくってみよう！

炊きたてのごはんと好きな具を使って、おいしいおにぎりをにぎってみましょう！

用意するもの

- ●ごはん　1合（おにぎり3個分）
- ●焼きのり　3枚
- ●塩　少々
- ●好きな具材　3種類

おにぎりって
ただにぎれば
いいんじゃないの？

塩の量やにぎり方など
ちょっとしたくふうで
ぐんとおいしくなるよ！

作り方

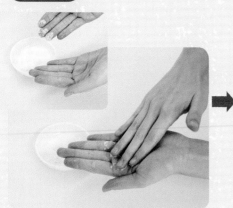

1 手に塩をつける

手をきれいに洗う。ごはんが手につかないようにほんの少し水でぬらし、てのひらにまんべんなく塩（ひとつまみ）をつける。

2 ごはんに具材をのせる

やけどしないように、ごはんを少し冷ましておく。3等分したごはんをてのひらにのせ、まん中にくぼみをつくり、好きな具材をのせる。

具材は好きなものを使おう！

▲焼き鮭

▲焼きたらこ

▲明太子

▲梅干し

▲ツナマヨネーズ

▲こんぶ

▲イクラ

▲とりそぼろ

▲おかか

▲高菜

おにぎりのかたちは
いろいろあるね!
丸形は東日本で、
俵形は西日本で多く食べ
られているよ

3 ごはんをにぎる

具材を包むようにしてごはんを丸める。丸めたごはんを両手で好きなかたちにととのえる。

できあがり!

4 のりを巻く

おにぎりのかたちに合わせて、のりを巻いていく。すぐに食べない場合は、おにぎりだけをラップで包み、のりは別にしておくとよい。

もっと 知りたい! **おにぎりはいつから食べられているの?**

石川県の中能登町には「杉谷チャノバタケ遺跡」という弥生時代中期〜後期の遺跡があり、そこでおにぎりのようなかたちをしたお米の化石(ちまき状炭化米塊)が見つかっています。

また、奈良時代にまとめられた『常陸国風土記』という書物のなかにも「にぎり飯」という記述が残っています。

▲三角に近いかたち
のおにぎりの化石。

(写真:石川県埋蔵文化財センター)

お米は炊いて食べるだけではないの？

おせんべいや
お団子も
お米からできて
いるんだって！

あれ？ 博士は？
宇宙見たいって
言ってたのに…

あっ、ほらほら！
始まったよ！

みなさん
こんにちはー！

わたしは今
宇宙ステーションにいます

宇宙からみなさんの質問に
お答えしまーす

中継　地球

ではさっそく
ヒロシくん10歳からの
質問です

宇宙ではどんな食事を
していますか？

はい！

わたしはごはんが
大好きなので…

いつもおにぎりを
食べています！

SPACE ONIGIRI
宇宙
おにぎ

えっ
宇宙でおにぎり!?

それはお湯を入れれば
炊きたてのごはんのようになる
α化米のおにぎりですね！

はい！

ええっお米博士!?

32

お米の加工技術が進んで宇宙でもおにぎりが食べられるなんてすごいですね

地球のみなさーんそれではクイズです！

次のなかでお米からつくられているのはどれかな？

お米からできているものはどれ？

玄米茶

米酢

米粉クッキー

おせんべい

おもち

大福

甘酒

お団子

答えはp.36～37を見てね！

それでは地球にお返ししまーす！

博士…い…いつの間に…

手軽に食べられる加工米飯

ごはんに加工をほどこしたものを「加工米飯」といいます。
加工米飯には、無菌包装米飯、冷凍米飯などがあります。

○ 加工技術の進歩で 種類が豊富に

加工米飯の歴史は古く、1940 年代に乾燥米飯が開発され、1970 年代にはレトルト米飯が商品化されています。その後、保存や加工の技術が進歩して、現在は無菌包装米飯と冷凍米飯が主流となっています。

無菌包装米飯は長期保存でき、いつでも手軽に食べられます。冷凍米飯は焼きおにぎりやチャーハンなどさまざまな種類が発売されていて、おいしさの面でも人気を集めています。

加工米飯は災害に備える非常食としても重要な役割を果たしています。地震などで電気やガスが使えなくなったとき、お米を炊くより手軽に食べられる加工米飯が役立ちます。また、保存期間が長く、数年もつものも多いため、すぐれた非常食といえます。

どれも炊きたてのごはんと
同じくらいおいしいよ！

いろいろな加工米飯

（写真：サトウ食品）

無菌包装米飯

殺菌したお米でごはんを炊き、さらに無菌設備でパックづめしているので、安全でおいしいごはんが食べられる。電子レンジや湯せんで加熱して食べる。常温で6 〜 10か月前後保存できる。

レトルト米飯

途中まで調理したごはんをパックづめして、高圧加熱処理で仕上げて殺菌したもの。電子レンジや湯せんで加熱して食べる。白いごはんのほかに、赤飯やおかゆ、炊きこみごはんなども売られている。常温で6か月〜1年保存できる。

（写真：東洋水産株式会社）

（写真：味の素株式会社）

 お米 まめ知識　漢字のなかには、米に関係する文字がいくつもあるよ。たとえば、「粉」という漢字は、細かく分かれた（粉になった）米をあらわしているよ。「分」には、刀で分けるという意味があるんだ。

冷凍米飯

調理したごはんを低温で急速に凍結させたもの。電子レンジやフライパンで加熱して食べる。定番の焼きおにぎりやチャーハンに加え、ピラフやチキンライスなど、新しい商品が次つぎと開発されている。冷凍庫で1年ほど保存できる。

(写真：株式会社ニチレイフーズ)

乾燥米飯

調理したごはんを熱風などで急速に乾燥させたもの。「α化米」ともよばれる(➡p.15)。パックにお湯または水を入れて食べる。常温で5年ほど保存できるため、非常食としての利用が多い。また、種類も豊富でかさばらないので登山やキャンプ、海外旅行の携帯食としても人気。

(写真：尾西食品株式会社)

缶詰米飯

調理したごはんを缶につめて高温で殺菌したもの。お湯で缶を温めて食べる。常温で5年ほど保存できる。

(写真：株式会社サンヨー堂)

お米の加工のくふう 宇宙でもごはんが食べられる?

食品メーカーの尾西食品は、1940年代にα化米(乾燥米飯)を開発して以来、80年以上にわたって乾燥米飯の販売と研究開発を進めています。

2005(平成17)年からは宇宙航空研究開発機構(JAXA)の「宇宙日本食」プロジェクトに参加し、2007(平成19)年にはα化米の製品が日本国内ではじめての宇宙食として認められました。そして、2008(平成20)年以来、α化米の製品は日本人クルーの宇宙での食事を支え続けています。

▲製品化された宇宙日本食のごはんと鮭おにぎり。実際に宇宙で利用されているα化米と同じものが食べられる。

(写真：宇宙の店)

※商品パッケージは2020年2月現在のもの。

さまざまなお米の加工食品

お米は、加工されてさまざまな食品に変身します。
もちやせんべい、甘酒などもお米の加工食品です。

お米の加工食品は身のまわりにたくさんある

お米の加工食品は、玄米を使うもの、白米を使うもの、胚芽やぬかを使うものなどに分けられます。さらに、白米はうるち米ともち米に分けられ、それぞれくだいて米粉（お米を細かい粉にしたもの）にしたり、蒸してもちにしたりと加工方法もさまざまです（→4巻p.28～29）。見た目ではお米が使われているとわからないものもあります。食品のパッケージに書かれている原材料を見て、お米の加工食品をさがしてみましょう。

もち

蒸したもち米をついたもの。長方形にカットした切りもちや、丸く平べったいかたちにした丸もちなど、いろいろなかたちのものがある。また、豆もちやよもぎもちなど、別の食材をまぜて味に変化をつけたものもある。

（写真：サトウ食品）

▲切りもち　▲丸もち　▲豆もち

米粉の種類と米粉からつくる加工食品

米粉には、うるち米からつくる上新粉、もち米からつくるもち粉と白玉粉がある。和菓子の原材料になるほか、さまざまな加工食品の原材料として利用される。

上新粉

▲かしわもち

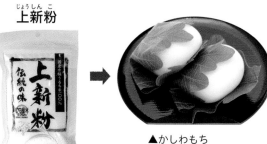

▲お団子

小麦粉などの代わりに米粉を使った新しい加工食品が増えているよ（→p.40～41）

もち粉

▲花びらもち

（写真：火乃国食品工業株式会社）

白玉粉

白玉団子

▲白玉団子

▲大福

 お米まめ知識　p.34に続いて、米にまつわる漢字を紹介するよ。「粒」は米粒のような小さくて丸いものをあらわす漢字。米に、「はなればなれ」という意味を持つ「立」を組み合わせてつくられたんだ。

米菓

米菓には、うるち米を使ったせんべいやひなあられなどと、もち米を使ったおかき・あられ、おこしなどがあり、さまざまな加工方法でつくられる。

▲せんべい
うるち米の粉をもち状にして伸ばし、かたちをととのえて焼いたもの。

▲ひなあられ
うるち米をふくらませたもの。

▲おかき・あられ
おかきはもちを細かく切って煎り、ふくらませたもの。あられはおかきの小さいもの。

▲おこし
蒸してから乾燥させたもち米を煎ってふくらませ、水あめなどでかためたもの。

玄米パン

小麦粉に玄米粉（玄米をひいた粉）をまぜてつくったパン。最近は米粉だけでつくったパンも人気を集めている。

玄米フレーク

フレークは、蒸した穀物を薄くのばして焼いたもの。コーンが原料のコーンフレークが一般的だが、玄米を使ったものもある。

飲料

お米を原材料とする伝統的な飲料に、日本酒や甘酒、玄米茶などがある。また、近年はお米を使ったコーヒー（もみ付きの玄米を時間をかけて煎り、コーヒーのようにしたもの）も販売されている。

日本酒や甘酒、
お米からつくられる調味料
については4巻で
くわしく解説しているよ！

▼甘酒
お米と米こうじからつくる、あまい飲みもの。

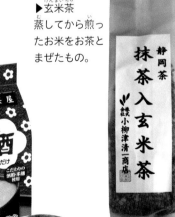

▶玄米茶
蒸してから煎ったお米をお茶とまぜたもの。

▼お米コーヒー
もみ付きの玄米を時間をかけて煎り、コーヒーのようにしたもの。

調味料

お米を発酵させるなどしてつくられる調味料に、米みそ、みりん、米酢などがある。

◀米みそ
蒸した大豆に米こうじと塩を加え、発酵させてつくる。

▲みりん
蒸したもち米に米こうじと焼酎を加え、糖化・熟成させてつくる。

▲米酢
お米を発酵させてつくる。

※商品パッケージは2020年2月現在のもの。

お米の加工のくふう せんべいができるまで

スーパーマーケットやコンビニエンスストアで買えるせんべいの多くは、工場でつくられています。どんなふうにつくられているのでしょうか。

お米のうまみを引き出す技術

立正堂株式会社(東京都杉並区)

立正堂は 1935（昭和 10）年創業の米菓製造メーカーです。看板商品の「純米せんべい」は、50 年以上にわたってつくり続けられています。工場では機械で生産をおこなっていますが、機械に任せるのではなく、工場の人たちがそれぞれの工程で状態を確認したり、手を加えたりしています。こうして、お米のうまみがつまったおいしいせんべいができあがります。

「純米せんべい」ができるまでの工程を見てみよう！

1 洗米・製粉

お米（うるち米）を洗ってじゅうぶんに水を吸わせ、機械ですりつぶして米粉にする。

◀洗ったお米は、乾燥しないように水をかける。

▲じゅうぶんに水を吸わせたお米を製粉しているようす。

2 蒸す・練る

米粉を蒸しながら練ってもちにする。ムラがなくコシの強いもちにすることで、あとでサクッとした食感が生まれる。

▲米粉からできたもち。職人がムラがないかなど、もちの状態をチェックする。

やっぱり職人さんの経験と技術が必要なんだね！

3 冷やす

できたてのもちを冷やす。冷やすことで、もちのうまみを閉じこめコシを強める。

▶もちをたっぷりの水に通して冷やしていく。

4 生地を型でぬく

機械でもちをうすくのばして生地をつくり、丸い型でぬいていく。

▲職人が工程をチェックし、型くずれした生地があれば取りのぞく。

型ぬきではなく、丸いかたちのもち球をのばしてせんべいの生地をつくる工場もあるんだって!

5 乾燥させる

せんべい生地を乾燥機にかけて乾燥させる。

◀やわらかかった生地は、乾燥機に通すことでかたい生地になる。

▶せんべい生地を焼く前に2回乾燥機にかける。生地の中心まで乾燥させることで、焼くときに仕上がりのムラが出にくくなる。

6 焼く

せんべい生地を焼きがまに通し、じっくりと焼いていく。季節によって焼きがまの温度や焼き時間を変えることで、いつも同じ焼き上がりの状態になるようにしている。

▲加熱されてふくらんでいくせんべい生地。焼き色もついていく。

7 味をつける

味つけをする機械を通して、せんべいにまんべんなく味をつけていく。

◀完成!

できあがったせんべいを包装してパッケージに入れるとわたしたちがお店で見る商品のすがたになるんだね!

✎ほかにもいろいろ!

せんべい屋さんの手仕事

町の米菓店には、店頭で昔ながらのせんべいづくりをおこなう店もあります。時間帯によっては、ふだんなかなか口にすることができない、できたてのせんべいを食べることもできます。

◀型ぬきした生地を1枚ずつ網の上で焼きながら、はけでしょう油をぬっていく。

(写真:立正堂株式会社)

お米からつくる注目の食材

近年、小麦粉の代わりに使える「米粉」や「米ゲル」など
お米からつくる新しい食材が注目を集めています。

小麦粉の代わりになる「米粉」

「米粉」は、お米をくだいて粉状にしたものです。団子やもちをつくる上新粉やもち粉（➡p.36）は以前からありましたが、近年、小麦粉の代わりに米粉を使った洋菓子やパンなどが増えています。

小麦粉の代わりに米粉を使おうという試みは、以前からなされていました。しかし、以前の米粉は小麦粉ほどキメが細かくなかったため、洋菓子やパンがうまくつくれませんでした。また、米粉には、小麦粉にふくまれるグルテニンとグリアジンという成分がないことも大きな問題でした。これらは水が加わるとねばりと弾力にすぐれたグルテンに変わります。このグルテンの働きがないと、パンのもちっとした食感や、ふっくらとした

やわらかさが出ないのです。しかし、近年は製粉技術の向上により、小麦粉のように使える米粉がつくれるようになりました。現在は、「グルテンフリー」の代表的な食材となっています。

もっと知りたい！ 「グルテンフリー」って何？

「グルテンフリー」とは、グルテンをふくまないということです。グルテンは、洋菓子やパン、うどん、パスタなど、小麦粉を使うさまざまな食品にふくまれています。しかしグルテンが体質に合わず、アレルギー反応を起こしたり、体調が悪くなったりする人がいます。グルテンフリーの食品は、そんな人たちでも安心して食べられます。

米粉でつくったパンや洋菓子

▲米粉でつくったクッキー。

（写真：グルテンフリー田んぼのパン工房米魂）

▲米粉でつくったケーキ。

▶米粉でつくったパン。

どれもおいしそうだね！
米粉でつくったものなら小麦アレルギーの人も安心して食べられるね！

お米まめ知識　小麦のグルテニンには「弾力はあるが伸びにくい」性質が、グリアジンには「伸びやすいけど弾力がない」性質があるよ。両方が合わさって、グルテンのもちっとした食感とねばりけが生まれるよ。

お米の加工のくふう

お米の未来をつくる企業の商品開発①

新しいお米の使いみちを探りながら、多くの企業が商品開発を進めています。

いろいろな商品が出回り始めた米粉

最近はさまざまな米粉の商品がお店にならぶようになり、気軽に料理に使えるようになりました。米粉の商品開発の当初の目的は、小麦粉の代わりに使えることでしたが、おいしさや使い勝手のよさを重視した商品も誕生しています。

▲グルテンフリーの米粉は、健康によい食材として注目されている。

お米の加工 最前線

小麦粉よりも食感のよい米粉

群馬製粉株式会社（群馬県渋川市）

群馬製粉は、長年米粉の製造にたずさわってきた会社です。おもに和菓子用の米粉を製造してきましたが、2000年ごろから洋菓子にも使える新しい米粉の試作を始めました。そして、お米をより細かく粉砕できる新たな製造技術を開発したことで、粒子（ひとつひとつの粒）の細かさが小麦粉の2分の1ほどの米粉をつくれるようになりました。2003（平成15）年には小麦粉の代用品にもなり、小麦粉よりもちもちとした食感の生地がつくれる米粉として、「リ・ファリーヌ」の商品化に成功しました。

現在は、リ・ファリーヌをアレンジしたパン専用の米粉やもち米を使った米粉も製造しています。また、グルテンフリー食品の需要に応じるために、食品会社と協力して、米粉を使った新たな食品の開発にも力を入れています。

▶工場の中のようす。高い技術でさまざまな米粉商品を生み出している。

▲粉砕機から出てくる米粉。粒子の細かい米粉をケーキづくりに使うと、きめ細かいしっとりとした生地に仕上がる。

「リ・ファリーヌ」
国産のうるち米を原料としたパン・洋菓子用の米粉。粉の細かさは小麦粉の約2分の1で、口どけのよい生地をつくることができる。

（写真：群馬製粉株式会社）

新しい食材でお米の可能性をさらに広げる

日本では現在、お米の生産量が消費量を上回り、お米があまってしまうことが問題となっています。お米が消費されないと農家の人たちの収入が減り、米づくりを続けていくのがむずかしくなってしまいます（➡2巻 p.38〜39）。そんななか、お米の消費量を増やすために、お米の新しい使いみちが模索されています。

お米からつくられる食材は、米粉だけではなく「米ゲル」なども商品化が進んでいます。「米ゲル」は、お米と水だけが原料で、ゲル状という固体と液体の中間の性質をもつ新食材です。米ゲルを食品に加えることで、小麦粉のグルテンがなくても、ねばりけやもっちりとした食感を生み出すことができます。また、ゲル状なので、生地の材料などをまぜ合わせるときに、粉がとけきれずにダマになるといったことがなく、小麦粉や米粉にくらべて使いやすいといった特ちょうもあります。米ゲルは、料理のバリエーションを広げ、お米の消費量を増やすとともに、日本の農業の活性化にもつながるかもしれません。

最近は、米ゲルを使った
たいやきやアイスクリームも
売られているんだよ！

お米の加工のくふう

お米の未来をつくる企業の商品開発②

農研機構食品総合研究所が研究・開発した
新しい食材「米ゲル」を、企業が商品化しました。

固体でも液体でもないゲル状のお米

米ゲルは、国の研究機関である農研機構食品総合研究所によって開発され、小麦粉や添加物の代わりに使えることを期待されていました。しかし、特殊な方法で製造するため、最初は、安定して生産することができませんでした。

そこで、ヤンマーが生産技術を開発し、世界ではじめて米ゲルの大量生産に成功しました。こうして安定して生産できるようになった米ゲルは、「ライスジュレ」という名前で商品化されました。

「ライスジュレ」
加える水の量でやわらかさを変えられるので、さまざまな食品に使える。また、水を保つ力が強いので、もちっとした食感が長続きする。

▼袋から出したライスジュレ。とてもねばりけが強い。

さまざまな料理に使える米ゲル

ヤンマーホールディングス株式会社（大阪府大阪市）

　ヤンマーは農業機械や建設機械を販売する会社としてよく知られていますが、食品をあつかう事業もおこなっています。2017（平成29）年には、米ゲルを「ライスジュレ」として商品化しました。

　ライスジュレは、デンプンの一種であるアミロース（➡ p.7）を多くふくむ「高アミロース米」と水だけを使い、特殊な加工技術でお米をゲル状にしています。高アミロース米を使うことで、独特の食感が生まれています。

▲米と水を加熱しながらまぜる。

▲原料として使われる高アミロース米。

▲加える水の量を調整することで、水とお米が「米ゲル」に変化する。

▲袋づめをする。

（写真：ヤンマーホールディングス株式会社）

「ライスジュレ」でつくったいろいろな料理

▲「ライスジュレ」を使った米パン。もっちりとした食感で、日持ちする。

◀「ライスジュレ」を使ったシチュー。なめらかなとろみが特ちょう。

▶「ライスジュレ」と米粉を使ったシュークリーム。中にはさんでいる塩バニラ味のクリームにライスジュレが使われている。

「ライスジュレ」は今までになかった使い方ができる新食材として料理のプロの人たちにも評価されているんだって！

世界のお米料理と加工食品

お米を使った料理や加工食品は、世界中で食べられています。
とくにアジアでは、お米の加工食品やお酒が親しまれています。

世界中の人が食べるお米料理 アジアに多いお米の加工食品

お米の料理は世界中の国ぐにで食べられています。調理のしかたは国によって個性がありますが、ごはんを炒めるものが多いようです。

お米の加工食品をつくっている国は、アジアの地域に集中しています。ほかの地域とくらべてお米を食べてきた歴史が長いので、さまざまな加工食品があります。

中央アジア・南アジア

ウズベキスタン❶
プロフ
多めの油で肉や野菜を炒め、その油でお米を炊く。

▲プロフ

スリランカ❷
ストリングホッパー
米粉でつくった麺。カレーなどといっしょに食べる。

▲ストリングホッパー

◀リゾット

ヨーロッパ

ギリシャ❸
ドルマデス
ひき肉などを入れたまぜごはんを、ブドウの葉で巻いて煮こむ。

イタリア❹
リゾット
お米をオリーブオイルやバターで炒め、白ワインやブイヨン（スープ）と具を加えて煮こむ。

▲ドルマデス

スペイン❺
パエリア
お米と肉や魚介類、野菜などをオリーブオイルで炒め、サフラン（スパイスの一種）を加えて炊く。

▲パエリア

アフリカ

セネガル❻
ジョロフライス
炒めた肉や野菜を入れたトマトスープで米を炊いた料理。アフリカの多くの国でつくられている。

▲ジョロフライス

それぞれの国の食材や調味料を使ってお米を調理しているね

東アジア・東南アジア

🇨🇳 中国 ❼

ビーフン、ちまき、紹興酒
米粉でつくった細麺のビーフン、ごはんと具を油で炒めたチャーハン、もち米と具をヨシの葉で包んで蒸したちまきは、日本でもなじみの深い料理だが、もとは中国から伝わったもの。紹興酒は蒸したもち米と麦こうじからつくられるお酒。

▲紹興酒

▲ビーフン

◀ちまき

🇰🇷 韓国 ❽

トッポキ、シッケ
トッポキは、トックとよばれるうるち米でつくったもちを、あまからいみそで炒めたもの。シッケは、もち米を発酵させてつくったお酒。

▲トッポキ

◀シッケ

★ ベトナム ❾

フォー、ライスペーパー
フォーは米粉でつくった平たい麺。汁そばや炒め物に使う。ライスペーパーは、練った米粉をうすくのばしてから蒸して、乾燥させたもの。水でもどして生春巻きなどにして食べる。

◀フォー

▲生春巻き

🇹🇭 タイ ❿

カオマンガイ
とり肉をゆでた汁でごはんを炊き、ゆでたとり肉をのせた料理。あまからいたれをつけて食べる。

▲カオマンガイ

🇮🇩 インドネシア ⓫

ナシゴレン
ごはんを肉やエビ、野菜といっしょに炒め、スパイスで味をつける。卵焼きやエビせんといっしょに食べる。

▲ナシゴレン

外国の人たちもみんなお米が好きなんだね！

北アメリカ

🇺🇸 アメリカ合衆国 ⓬

ジャンバラヤ、ライスミルク
ジャンバラヤはお米と具を炒めてから炊き、チリソースなどで味をつけた料理。ライスミルクは、玄米の米粉を加工してつくった植物性のミルク。

▲ジャンバラヤ

◀ライスミルク

中央アメリカ

🇨🇺 キューバ ⓭

アロス・コングリ
お米に黒豆、玉ねぎやニンニクのみじん切りなどを加えて炊いた炊きこみごはん。

▲アロス・コングリ

さくいん

ここでは、この本に出てくる重要な用語を50音順にならべ、
その内容（ないよう）が出ているページ数をのせています。
調べたいことがあったら、そのページを見てみましょう。

監修

辻井良政（つじいよしまさ）

東京農業大学応用生物科学部教授、農芸化学博士。専門は、米飯をはじめとする食品分析、加工技術の開発など。東京農業大学総合研究所内に「稲・コメ・ごはん部会」を立ち上げ、お米の生産者、研究者から、販売者、消費者まで、お米に関わるあらゆる人たちと連携し、未来の米づくりを考え創出する活動もおこなっている。

佐々木卓治（ささきたくじ）

東京農業大学総合研究所参与（客員教授）、理学博士。専門は作物ゲノム学。1997年より国際イネゲノム塩基配列解読プロジェクトをリーダーとして率い、イネゲノムの解読に貢献。現在は、「稲・コメ・ごはん部会」の部会長として、お米でつながる各業界関係者と協力し、米づくりの未来を考える活動をけん引している。

装丁・本文デザイン　周 玉慧、スズキアツコ
DTP　有限会社天龍社
協力　東京農業大学総合研究所研究会
　　　（稲・コメ・ごはん部会）
　　　山下真一、梅澤真一（筑波大学附属小学校）
編集協力　橋谷勝博
キャラクターデザイン・マンガ　森永ピザ
イラスト　いとうみちろう、坂川由美香、田原直子
校閲・校正　青木一平、村井みちよ
編集・制作　株式会社童夢

取材協力・写真提供
全農パールライス株式会社／株式会社ヤマタネ／オーサワジャパン株式会社／株式会社はくばく／ヤマモリ株式会社／金沢くらしの博物館／一般社団法人日本電機工業会／象印マホービン株式会社／米子いただき・がいな隊／石川県埋蔵文化財センター／佐藤食品工業株式会社／東洋水産株式会社／味の素株式会社／株式会社ニチレイフーズ／尾西食品株式会社／株式会社サンヨー堂／株式会社ビー・シー・シー／火乃国食品工業株式会社／森永製菓株式会社／ミラトアミ／ひかり味噌株式会社／宝酒造株式会社／内堀醸造株式会社／立正堂株式会社／グルテンフリー田んぼのパン工房米魂／群馬製粉株式会社／ヤンマーホールディングス株式会社

写真協力
株式会社アフロ／株式会社フォトライブラリー／ピクスタ株式会社／イメージナビ株式会社

イネ・米・ごはん大百科

❺ お米の食べ方と料理

発行　　2020年4月　第1刷
監修　　辻井良政　佐々木卓治
発行者　千葉 均
編集　　崎山貴弘
発行所　株式会社ポプラ社
　　　　〒102-8519　東京都千代田区麹町4-2-6
　　　　電話　03-5877-8109（営業）
　　　　　　　03-5877-8113（編集）
　　　　ホームページ　www.poplar.co.jp（ポプラ社）
印刷・製本　凸版印刷株式会社

ISBN978-4-591-16535-5　N.D.C.596／47p／29cm Printed in Japan

イネ・米・ごはん大百科

全**6**巻

監修 辻井良政
佐々木卓治

◆ 全国各地の米づくりから、米の品種、料理、歴史まで、お米のことがいろいろな角度から学べます。

◆ マンガやたくさんの写真、イラストを使っていて、目で見て楽しくわかりやすいのが特長です。

小学校中学年から A4変型判／各47ページ
図書館用特別堅牢製本図書